kool - el colegio   2
reisimine - el viaje   5
transport - el transporte   8
linn - la ciudad   10
maastik - el paisaje   14
restoran - el restaurante   17
supermarket - el supermercado   20
joogid - las bebidas   22
toit - la comida   23
talu - la granja   27
maja - la casa   31
elutuba - el living   33
köök - la cocina   35
vannituba - el baño   38
lastetuba - el cuarto de los chicos   42
riietus - la ropa   44
kontor - la oficina   49
majandus - la economía   51
ametid - las ocupaciones   53
tööriistad - las herramientas   56
pillid - los instrumentos musicales   57
loomaaed - el zoológico   59
sport - los deportes   62
tegevused - las actividades   63
perekond - la familia   67
keha - el cuerpo   68
haigla - el hospital   72
hädaolukord - la emergencia   76
Maa - la Tierra   77
kell - el reloj   79
nädal - la semana   80
aasta - el año   81
kujundid - las formas   83
värvid - colores   84
vastandid - los opuestos   85
numbrid - los números   88
keeled - los idiomas   90
kes / mis / kuidas - quién / qué / cómo   91
kus - dónde   92

AF205492

Impressum
Verlag: BABADADA GmbH, Nedderfeld 112 , 22529 Hamburg
Geschäftsführer / Verlagsleitung: Harald Hof
Druck: Books on Demand GmbH, In de Tarpen 42, 22848 Norderstedt

Imprint
Publisher: BABADADA GmbH, Nedderfeld 112 , 22529 Hamburg, Germany
Managing Director / Publishing direction: Harald Hof
Print: Books on Demand GmbH, In de Tarpen 42, 22848 Norderstedt

kool
el colegio

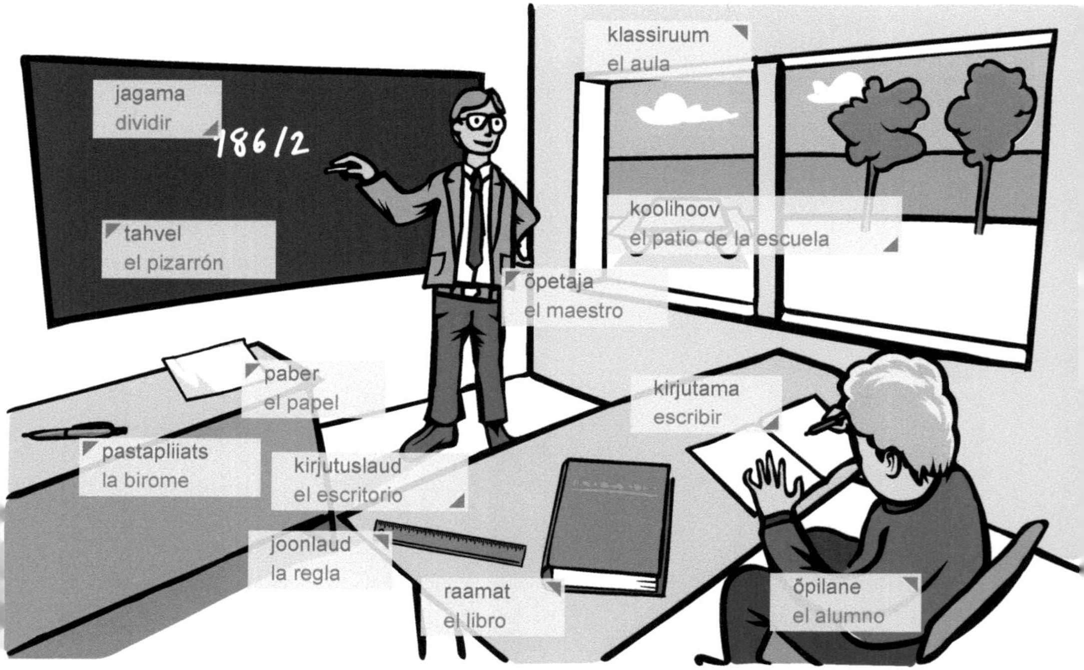

klassiruum
el aula
jagama
dividir
186/2
tahvel
el pizarrón
koolihoov
el patio de la escuela
õpetaja
el maestro
paber
el papel
kirjutama
escribir
pastapliiats
la birome
kirjutuslaud
el escritorio
joonlaud
la regla
raamat
el libro
õpilane
el alumno

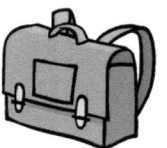

koolikott
la mochila

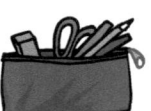

pinal
la caja de lápices

harilik pliiats
el lápiz

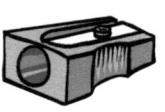

pliiatsiteritaja
el sacapuntas

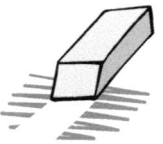

kustukumm
la goma (de borrar)

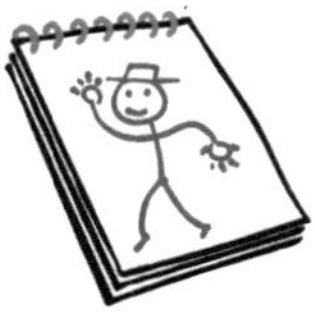

joonistusplokk
el bloc de dibujo

joonistus

el dibujo

pintsel

el pincel

värvikarp

la caja de pinturas

käärid

la tijera

liim

el pegamento

töövihik

el cuaderno de ejercicios

kodutöö

la tarea

number

el número

liitma

sumar

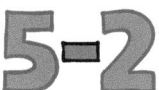

lahutama

restar

korrutama

multiplicar

arvutama

calcular

täht

la letra

tähestik

el abecedario

sõna

la palabra

tekst

el texto

lugema

leer

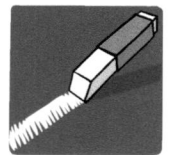

kriit

la tiza

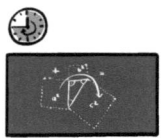

koolitund

la lección

klassipäevik

el cuaderno de clase

eksam

el examen

tunnistus

el certificado

koolivorm

el uniforme escolar

haridus

la educación

entsüklopeedia

la enciclopedia

ülikool

la universidad

mikroskoop

el microscopio

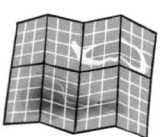

kaart

el mapa

paberikorv

el tacho (de basura)

reisimine
el viaje

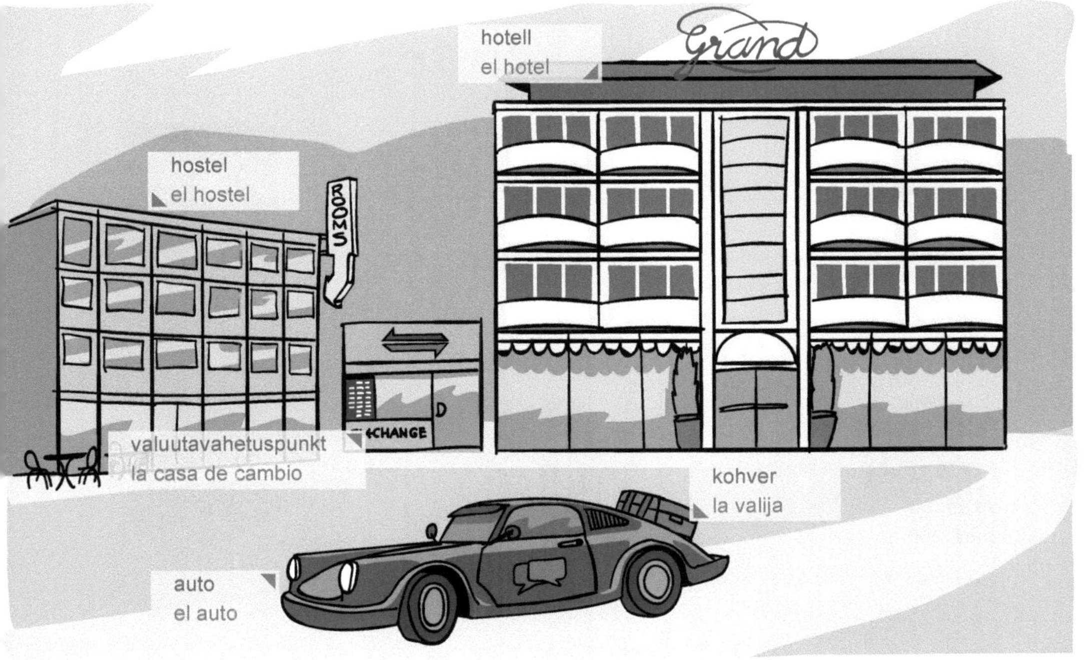
hotell
el hotel
Grand
hostel
el hostel
ROOMS
valuutavahetuspunkt
la casa de cambio
EXCHANGE
kohver
la valija
auto
el auto

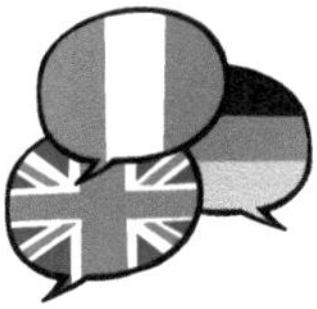

keel

el idioma

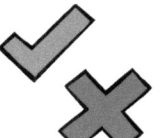

jah / ei

sí / no

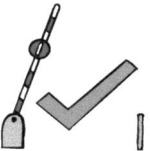

okei

Está bien

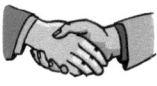

Tere!

hola

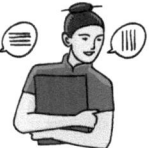

tõlk

el traductor

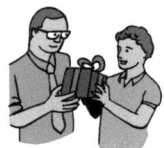

Aitäh!

Gracias

Kui palju maksab …?

¿cuánto cuesta…?

Ma ei saa aru

No entiendo

probleem

el problema

Tere õhtust!

¡Buenas tardes!

Tere hommikust!

¡Buenos días!

Head ööd!

¡Buenas noches!

Head aega!

el adiós

suund

la dirección

pagas

el equipaje

kott

el bolso

seljakott

la mochila

külaline

el invitado

tuba

la habitación

magamiskott

la bolsa de dormir

telk

la carpa

turismiinfo

la información turística

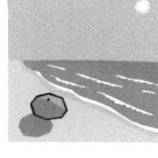

rand

la playa

krediitkaart

la tarjeta de crédito

hommikusöök

el desayuno

lõunasöök

el almuerzo

õhtusöök

la cena

pilet

el pasaje

lift

el ascensor

postmark

el sello

riigipiir

la frontera

toll

la aduana

saatkond

la embajada

viisa

la visa

pass

el pasaporte

transport
el transporte

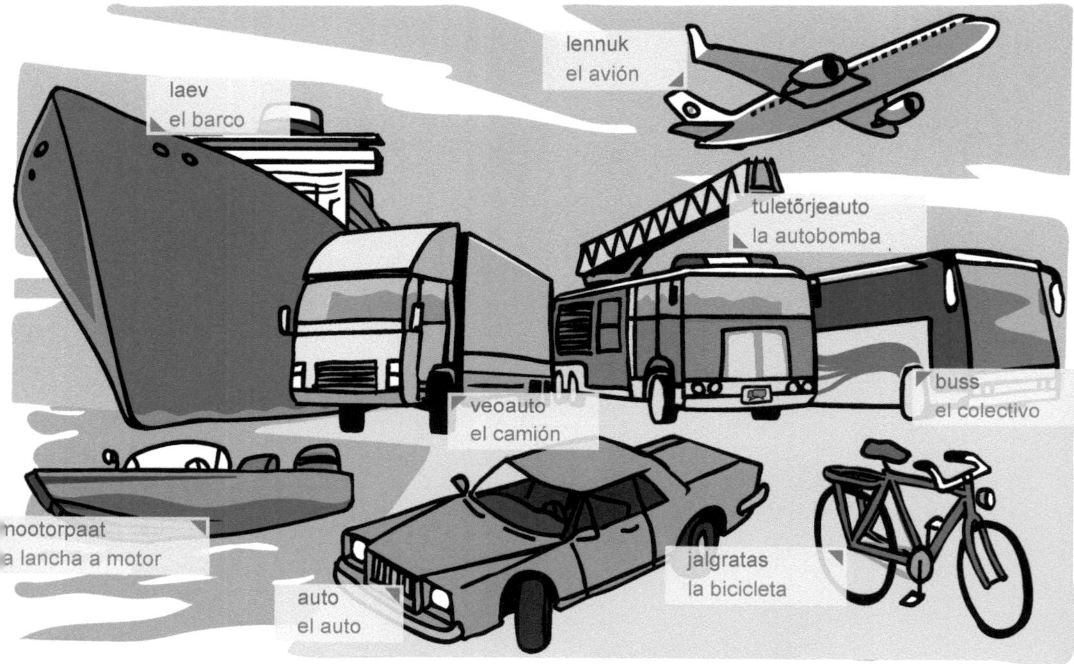
lennuk
el avión
laev
el barco
tuletõrjeauto
la autobomba
buss
el colectivo
veoauto
el camión
nootorpaat
a lancha a motor
jalgratas
la bicicleta
auto
el auto

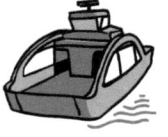

praam
el ferry

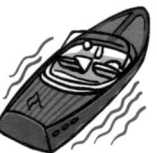

paat
el bote

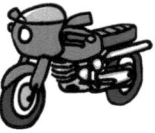

mootorratas
la moto

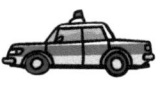

politseiauto
el patrullero

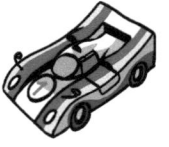

võidusõiduauto
el auto de carreras

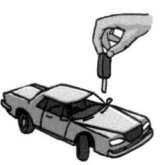

rendiauto
el auto de alquiler

ühisauto
el alquiler de autos

puksiirauto
la grúa

prügiauto
el camión de la basura

mootor
el motor

kütus
la nafta

tankla
la estación de servicio

liiklusmärk
la señal de tránsito

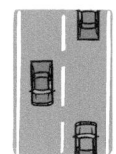

liiklus
el tránsito

liiklusummik
el embotellamiento

parkla
el estacionamiento

raudteejaam
la estación de tren

rööpad
las vías

rong
el tren

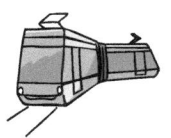

tramm
el tranvía

vagun
el vagón

helikopter

el helicóptero

lennujaam

el aeropuerto

torn

la torre

reisija

el pasajero

konteiner

el contenedor

pappkast

la caja de cartón

käru

la carretilla

korv

la canasta

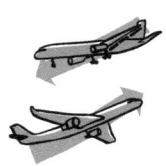

õhku tõusma / maanduma

despegar / aterrizar

linn

la ciudad

küla

el pueblo

kesklinn

el centro de la ciudad

maja

la casa

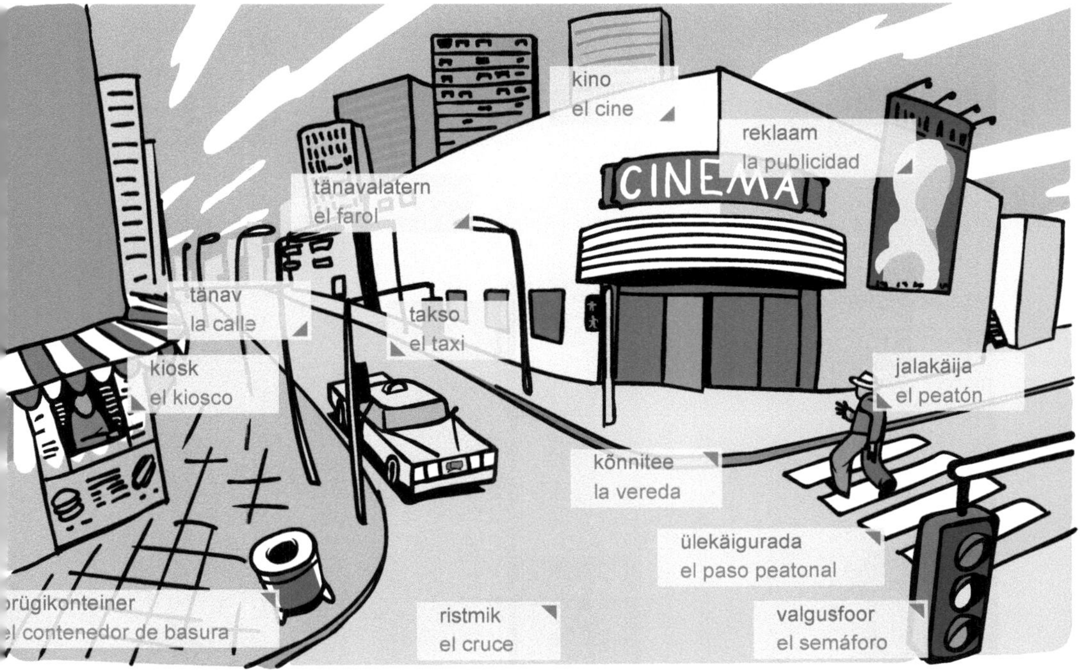

kino
el cine

reklaam
la publicidad

tänavalatern
el farol

tänav
la calle

takso
el taxi

jalakäija
el peatón

kiosk
el kiosco

CINEMA

kõnnitee
la vereda

ülekäigurada
el paso peatonal

prügikonteiner
el contenedor de basura

ristmik
el cruce

valgusfoor
el semáforo

osmik

la cabaña

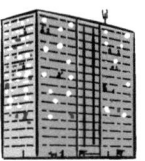

kortermaja

el departamento

raudteejaam

la estación de tren

raekoda

la municipalidad

muuseum

el museo

kool

el colegio

ülikool

la universidad

pank

el banco

haigla

el hospital

hotell

el hotel

apteek

la farmacia

kontor

la oficina

raamatupood

la librería

kauplus

el negocio

lillepood

la florería

supermarket

el supermercado

turg

el mercado

kaubamaja

las grandes tiendas

kalapood

la pescadería

kaubanduskeskus

el centro comercial

sadam

el puerto

park
....

el parque

pink
....

el banco

sild
....

el puente

trepp
....

las escaleras

metroo
....

el subte

tunnel
....

el túnel

bussipeatus
....

la parada del colectivo

baar
....

el bar

restoran
....

el restaurante

postkast
....

el buzón

tänavasilt
....

el letrero

parkimisautomaat
....

el parquímetro

loomaaed
....

el zoológico

ujula
....

la pileta

mošee
....

la mezquita

talu
la granja

reostus
la contaminación

surnuaed
el cementerio

kirik
la iglesia

mänguväljak
los juegos infantiles

tempel
el templo

maastik
el paisaje

leht
la hoja

teeviit
el poste indicador

tee
el camino

aas
la pradera

kivi
la piedra

matkaja
el excursionista

puu
el árbol

jõgi
el río

rohi
la hierba

lill
la flor

org
el valle

mägi
la montaña

järv
el lago

mets
el bosque

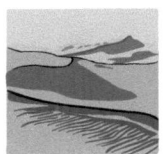

kõrb
el desierto

vulkaan
el volcán

linnus
el castillo

vikerkaar
el arco iris

seen
el champiñón

palm
la palmera

sääsk
el mosquito

kärbes
la mosca

sipelgas
la hormiga

mesilane
la abeja

ämblik
la araña

mardikas

el escarabajo

konn

la rana

orav

la ardilla

siil

el erizo

jänes

la liebre

öökull

la lechuza

lind

el pájaro

luik

el cisne

metssiga

el jabalí

hirv

el ciervo

põder

el alce

pais

la presa

tuuleturbiin

el aerogenerador

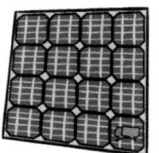

päikesepaneel

el panel solar

kliima

el clima

kelner
el mozo

menüü
el menú

tool
la silla

supp
la sopa

pitsa
la pizza

söögiriistad
los cubiertos

laudlina
el mantel

eelroog
la entrada

pearoog
el plato principal

magustoit
el postre

joogid
las bebidas

toit
la comida

pudel
la botella

kiirtoit

la comida rápida

tänavatoit

la comida callejera

teekann

la tetera

suhkrutoos

la azucarera

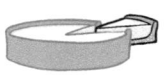

portsjon

la porción

espressomasin

la cafetera expreso

lastetool

la sillita alta

arve

la cuenta

kandik

la bandeja

nuga

el cuchillo

kahvel

el tenedor

lusikas

la cuchara

teelusikas

la cucharita

salvrätik

la servilleta

klaas

el vaso

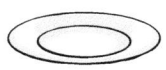

taldrik

el plato

supitaldrik

el plato hondo

alustass

el plato

kaste

la salsa

soolatoos

el salero

pipraveski

el molinillo de pimienta

äädikas

el vinagre

õli

el aceite

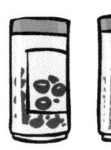

vürtsid

las especias

ketšup

el kétchup

sinep

la mostaza

majonees

la mayonesa

supermarket

el supermercado

eripakkumine
la oferta especial
FOR
klient
el cliente
piimatooted
los lácteos
puuviljad
la fruta
ostukäru
el changuito

BUTCHERS

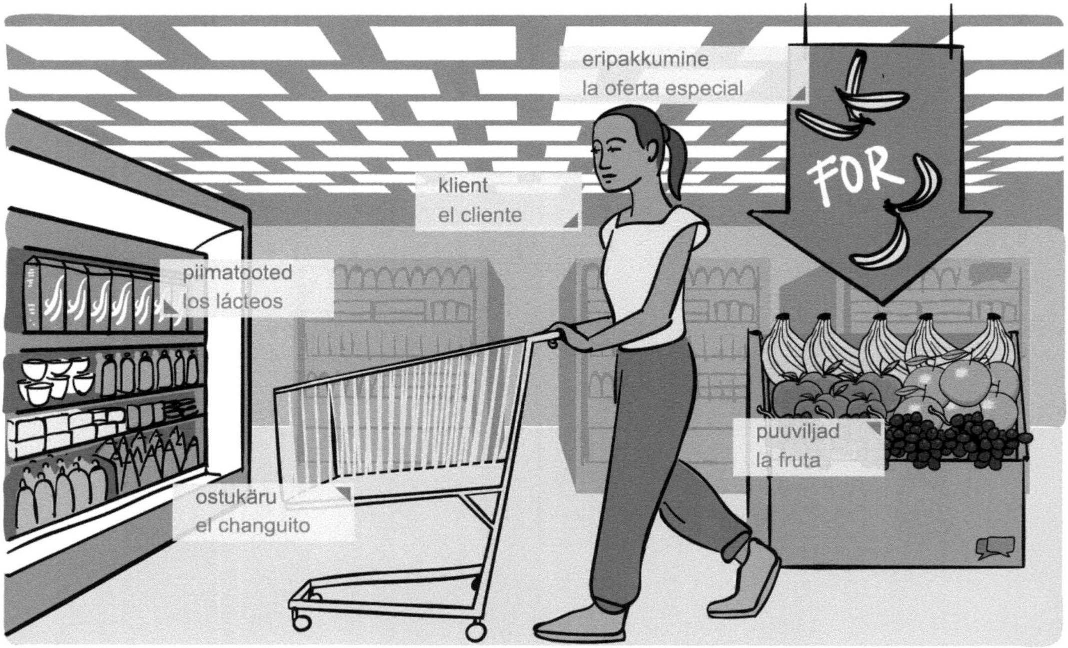

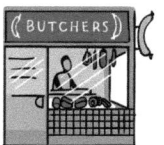

lihapood

la carnicería

BAKERY

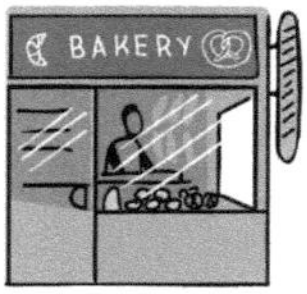

pagariäri

la panadería

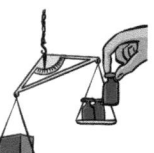

kaaluma

pesar

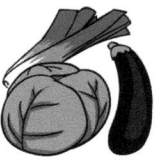

köögiviljad

las verduras

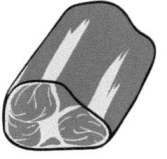

liha

la carne

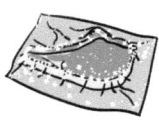

külmutatud toit

los alimentos congelados

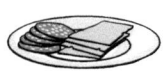

lihalõigud
....
los fiambres

konservid
....
los alimentos enlatados

pesupulber
....
el detergente en polvo

maiustused
....
las golosinas

majatarbed
....
los electrodomésticos

puhastustooted
....
los productos de limpieza

müüja
....
la vendedora

kassaaparaat
....
la caja

kassapidaja
....
el cajero

ostunimekiri
....
la lista de compras

lahtiolekuajad
....
el horario de atención

rahakott
....
la billetera

krediitkaart
....
la tarjeta de crédito

kott
....
la cartera

kilekott
....
la bolsa de plástico

vesi
el agua

mahl
el jugo

piim
la leche

koola
la bebida cola

vein
el vino

õlu
la cerveza

alkohol
el alcohol

kakao
el cacao

tee
el té

kohv
el café

espresso
el café expreso

cappuccino
el cappuccino

banaan

la banana

õun

la manzana

apelsin

la naranja

arbuus

el melón

sidrun

el limón

porgand

la zanahoria

küüslauk

el ajo

bambus

el bambú

sibul

la cebolla

seen

el champiñón

pähklid

las nueces

nuudlid

los fideos

spagetid

los tallarines

riis

el arroz

salat

la ensalada

friikartulid

las papas fritas

praekartulid

las papas fritas

pitsa

la pizza

hamburger

la hamburguesa

võileib

el sándwich

šnitsel

el churrasco

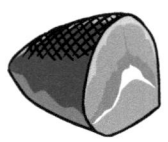

sink

el jamón

salaami

el salame

vorst

la salchicha

kana

el pollo

praeliha

el asado

kala

el pescado

kaerahelbed

los copos de avena

müsli

el muesli

maisihelbed

los copos de maíz

jahu

la harina

sarvesai

la medialuna

kukkel

el pancito

leib

el pan

röstsai

la tostada

küpsised

las galletitas

või

la manteca

kohupiim

la cuajada

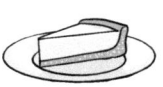

kook

la torta

muna

el huevo

praemuna

el huevo frito

juust

el queso

jäätis

el helado

suhkur

el azúcar

mesi

la miel

moos

la mermelada

pähklivõie

la pasta de chocolate

karri

el curry

talu
la granja

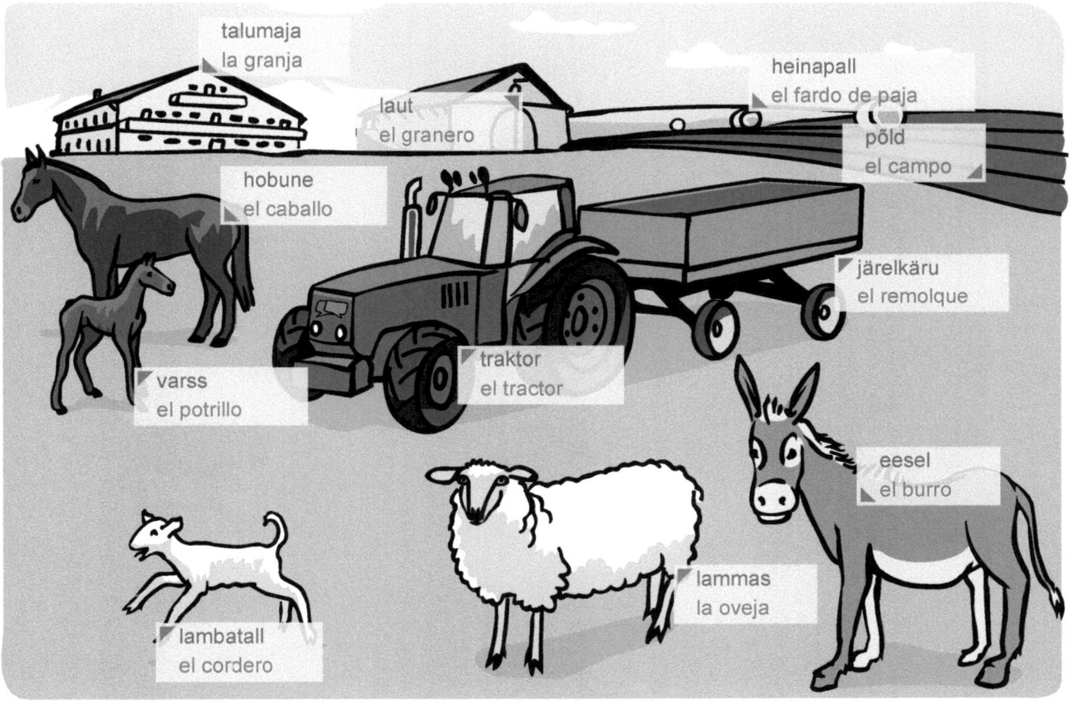
talumaja
la granja
heinapall
el fardo de paja
laut
el granero
põld
el campo
hobune
el caballo
järelkäru
el remolque
traktor
el tractor
varss
el potrillo
eesel
el burro
lammas
la oveja
lambatall
el cordero

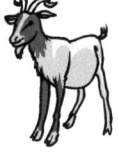

kits
la cabra

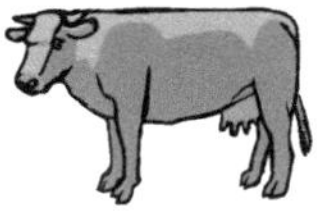

lehm
la vaca

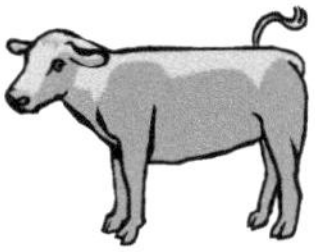

vasikas
el ternero

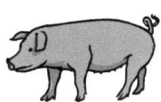

siga
el cerdo

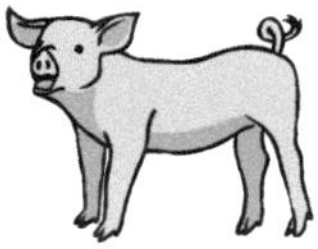

põrsas
el lechón

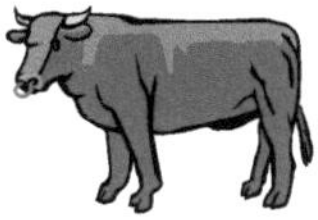

pull
el toro

hani

el ganso

part

el pato

tibu

el pollo

kana

la gallina

kukk

el gallo

rott

la rata

kass

el gato

hiir

el ratón

härg

el buey

koer

el perro

koerakuut

la cucha

aiavoolik

la manguera

kastekann

la regadera

vikat

la guadaña

ader

el arado

sirp

la hoz

kõblas

la azada

hang

la horquilla

kirves

el hacha

käru

la carretilla

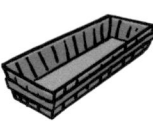

küna

el abrevadero

piimanõu

la lechera

kott

la bolsa

tara

la reja

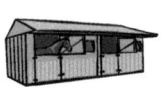

tall

el establo

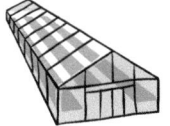

kasvuhoone

el invernadero

muld

el suelo

seeme

la semilla

väetis

el fertilizador

kombain

la cosechadora

saaki koristama

cosechar

saagikoristus

la cosecha

jamss

las batatas

nisu

el trigo

soja

la soja

kartul

la papa

mais

el maíz

raps

la semilla de colza

viljapuu

el árbol frutal

maniokk

la mandioca

teravili

los cereales

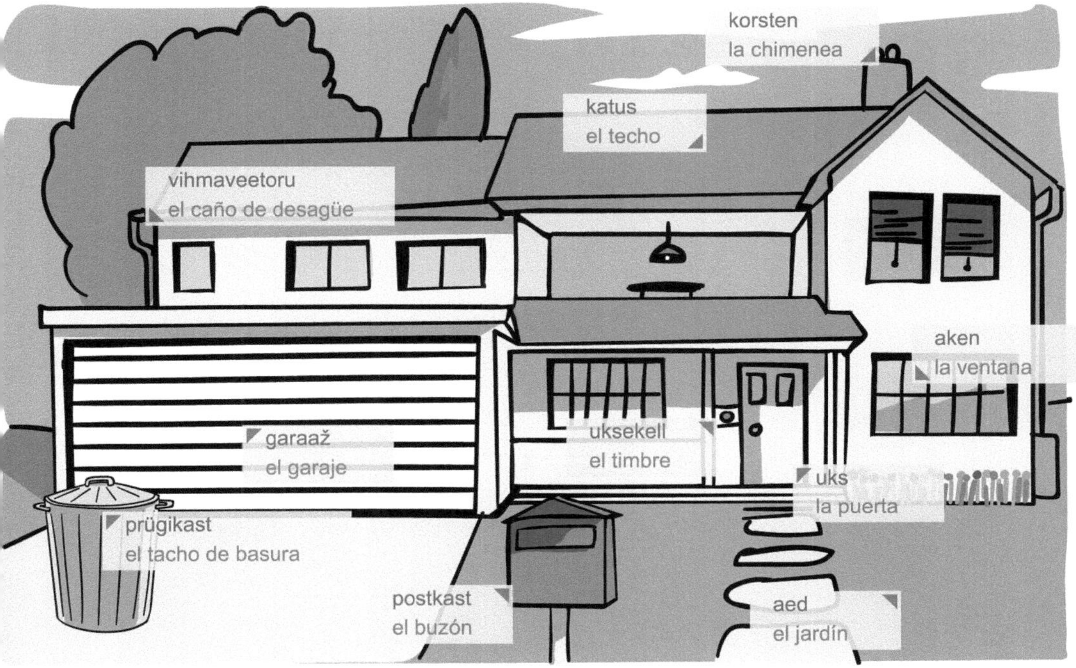

korsten
la chimenea

katus
el techo

vihmaveetoru
el caño de desagüe

aken
la ventana

garaaž
el garaje

uksekell
el timbre

uks
la puerta

prügikast
el tacho de basura

postkast
el buzón

aed
el jardín

elutuba

el living

vannituba

el baño

köök

la cocina

magamistuba

el dormitorio

lastetuba

el cuarto de los chicos

söögituba

el comedor

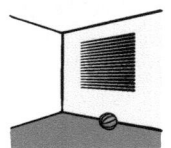

põrand

el piso

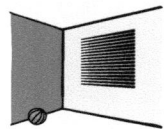

sein

la pared

lagi

el cielorraso

kelder

el sótano

saun

el sauna

rõdu

el balcón

terrass

la terraza

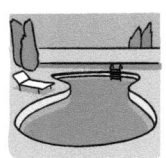

bassein

la pileta

muruniiduk

la cortadora de pasto

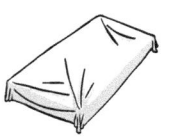

voodilina

la sábana

päevatekk

el acolchado

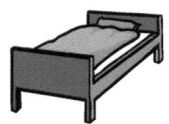

voodi

la cama

luud

la escoba

ämber

el balde

lüliti

el interruptor

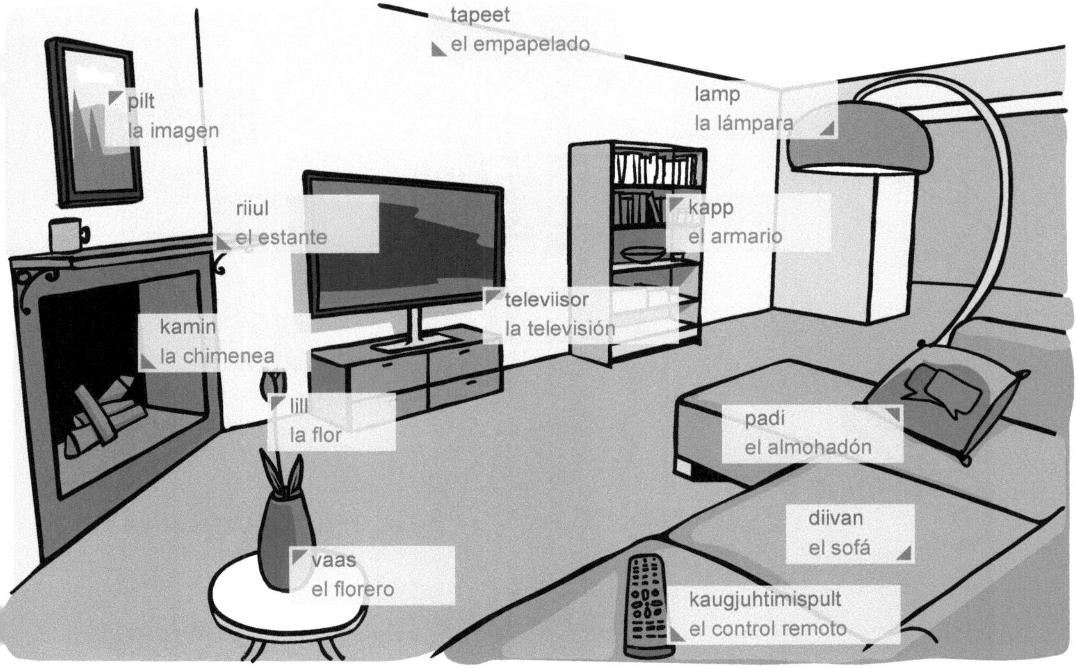

tapeet
el empapelado

pilt
la imagen

lamp
la lámpara

riiul
el estante

kapp
el armario

kamin
la chimenea

televiisor
la televisión

lill
la flor

padi
el almohadón

diivan
el sofá

vaas
el florero

kaugjuhtimispult
el control remoto

vaip
la alfombra

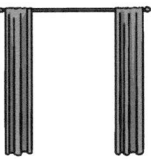

kardin
la cortina

laud
la mesa

tool
la silla

kiiktool
la mecedora

tugitool
el sillón

raamat

el libro

tekk

la frazada

kaunistus

la decoración

küttepuud

la leña

film

la película

helisüsteem

el equipo de música

võti

la llave

ajaleht

el diario

maal

la pintura

plakat

el póster

raadio

la radio

märkmik

el cuaderno

tolmuimeja

la aspiradora

kaktus

el cactus

küünal

la vela

köök
la cocina

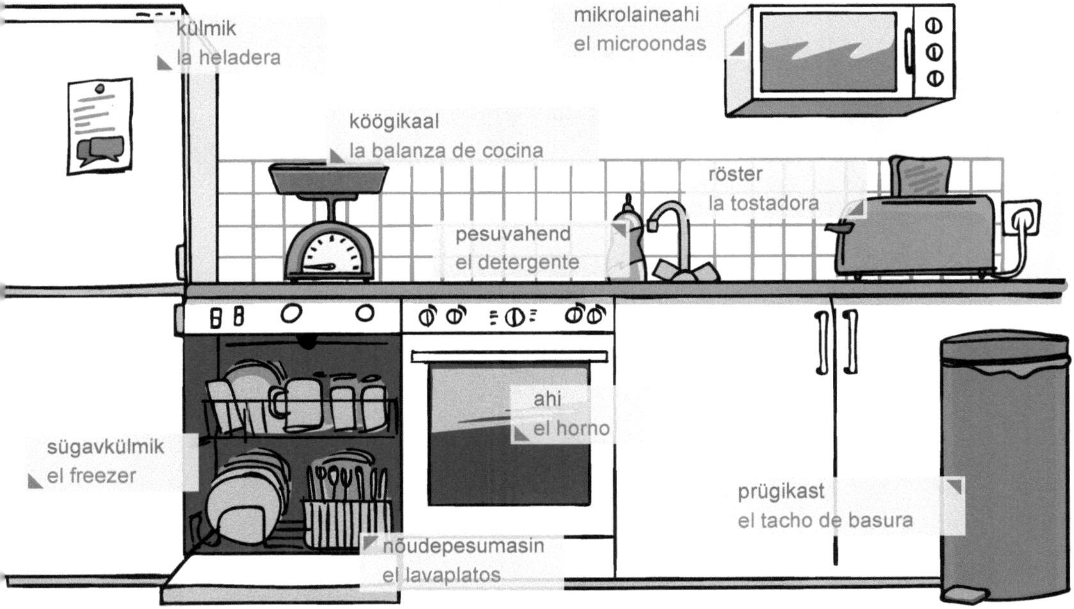

külmik
la heladera
mikrolaineahi
el microondas
köögikaal
la balanza de cocina
röster
la tostadora
pesuvahend
el detergente
ahi
el horno
sügavkülmik
el freezer
prügikast
el tacho de basura
nõudepesumasin
el lavaplatos

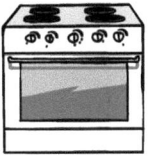

pliit

la cocina

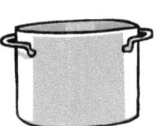

pott

la olla

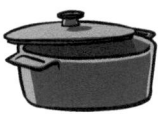

malmpott

la olla de hierro fundido

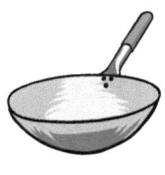

vokkpann

el wok

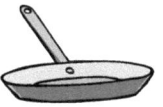

pann

la sartén

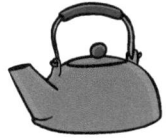

veekeetja

la pava

aurutaja

la vaporera

küpsetusplaat

la bandeja de horno

lauanõud

la vajilla

kruus

la taza

kauss

el bol

söögipulgad

los palitos

kulp

el cucharón

pannilabidas

la espátula

vispel

la batidora

kurn

el colador

sõel

el colador

riiv

el rallador

uhmer

el mortero

grill

la parrilla

lahtine tuli

la fogata

lõikelaud

la tabla de picar

tainarull

el palo de amasar

korgitser

el sacacorchos

konservipurk

la lata

konserviavaja

el abrelatas

pajakinnas

la manopla

kraanikauss

la pileta

hari

el cepillo

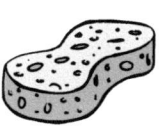

pesukäsn

la esponja

kannmikser

la batidora

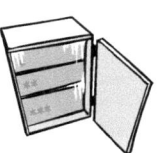

sügavkülmuti

el congelador

lutipudel

la mamadera

segisti

la canilla

köök - la cocina

vannituba

el baño

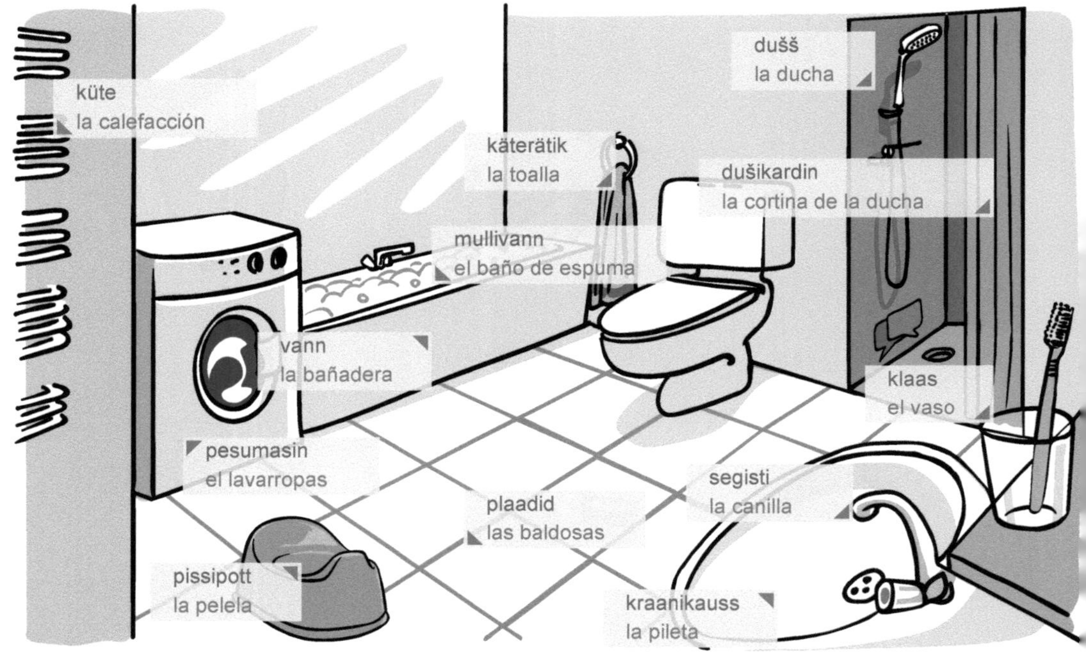

küte
la calefacción
käterätik
la toalla
dušš
la ducha
dušikardin
la cortina de la ducha
mullivann
el baño de espuma
vann
la bañadera
klaas
el vaso
pesumasin
el lavarropas
segisti
la canilla
plaadid
las baldosas
pissipott
la pelela
kraanikauss
la pileta

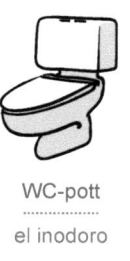

WC-pott

el inodoro

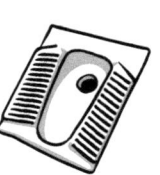

kükitamistualett

la letrina

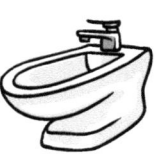

bidee

el bidé

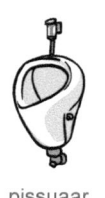

pissuaar

el mingitorio

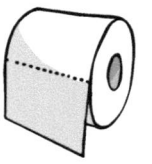

tualettpaber

el papel higiénico

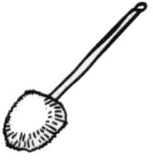

WC-hari

el cepillo para el inodoro

hambahari

el cepillo de dientes

hambapasta

el dentífrico

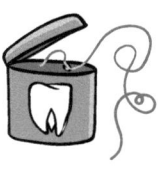

hambaniit

el hilo dental

pesema

lavar

käsidušš

la ducha de mano

intiimdušš

la ducha higiénica

pesukauss

la palangana

seljahari

el cepillo para la espalda

seep

el jabón

dušigeel

el gel de ducha

šampoon

el shampoo

vamm

la toallita

äravool

el desagüe

kreem

la crema

deodorant

el desodorante

peegel

el espejo

käsipeegel

el espejito

habemenuga

la maquinita de afeitar

raseerimisvaht

la espuma de afeitar

habemevesi

el aftershave

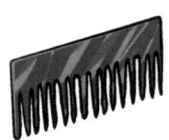

kamm

el peine

hari

el cepillo

föön

el secador de pelo

juukselakk

el spray

meigikomplekt

el maquillaje

huulepulk

el lápiz de labios

küünelakk

el esmalte para uñas

vatt

el algodón

küünekäärid

la tijera para uñas

parfüüm

el perfume

tualett-tarvete kott

el portacosméticos

taburet

la banqueta

kaal

la balanza

hommikumantel

la bata

kummikindad

los guantes de goma

tampoon

el tampón

hügieeniside

la toallita femenina

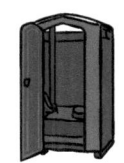

keemiline tualett

el baño químico

lastetuba
el cuarto de los chicos

äratuskell
el despertador
pehme mänguasi
el peluche
mänguauto
el coche de juguete
kõristi
el sonajero
nukumaja
la casa de muñecas
kingitus
el regalo

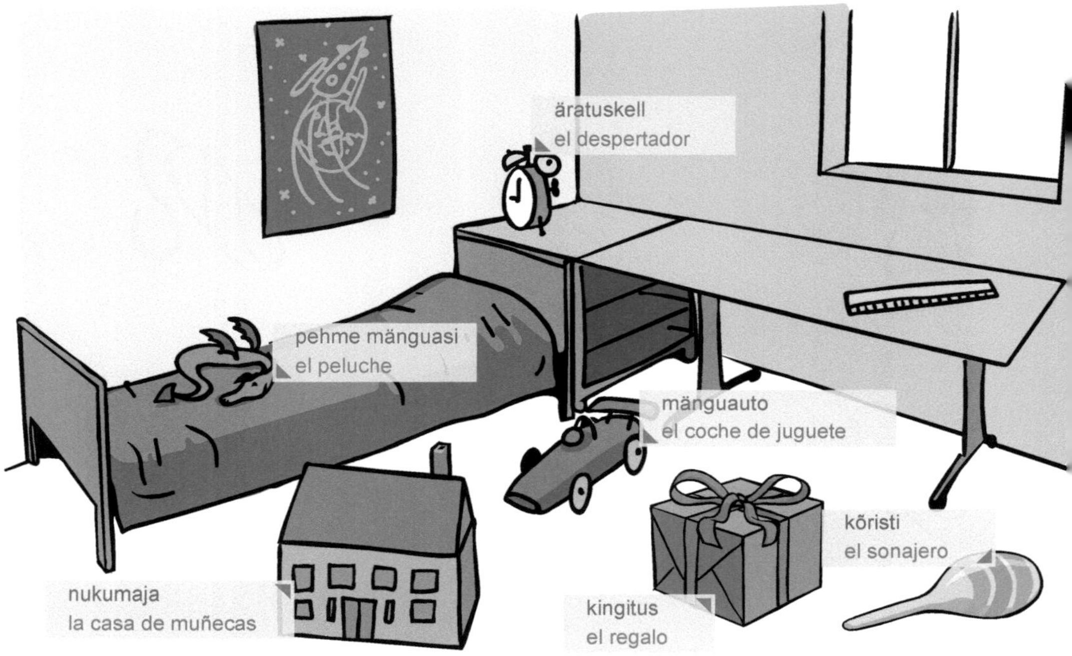

õhupall

el globo

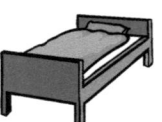

voodi

la cama

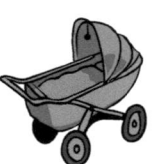

lapsevanker

el cochecito

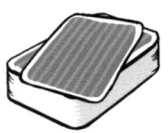

kaardipakk

las cartas

pusle

el rompecabezas

SUPER
MEGA

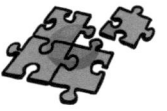

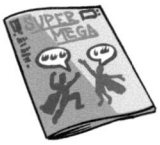

koomiks

la historieta

Lego klotsid

las piezas de lego

klotsid

los ladrillos de juguete

kujuke

la figura de acción

siputuspüksid

el enterito (de bebé)

lendav taldrik

el frisbee

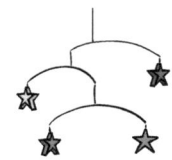

voodikarussell

el móvil para bebés

lauamäng

el juego de mesa

täringud

los dados

mudelrong

el tren eléctrico

lutt

el chupete

pidu

la fiesta

pildiraamat

el libro de cuentos ilustrado

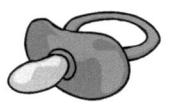

pall

la pelota

nukk

la muñeca

mängima

jugar

liivakast

el arenero

kiik

la hamaca

mänguasjad

los juguetes

mängukonsool

la consola de videojuegos

kolmerattaline jalgratas

el triciclo

mängukaru

el osito de peluche

riidekapp

el armario

riietus

la ropa

sokid

las medias

sukad

las medias panty

sukkpüksid

las calzas

sall
la bufanda

vihmavari
el paraguas

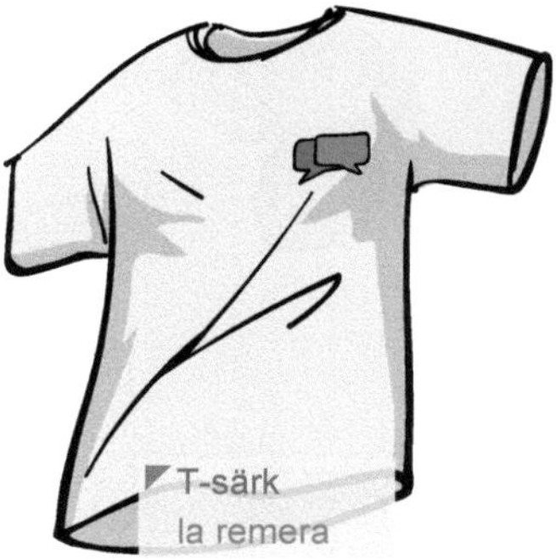

T-särk
la remera

vöö
el cinturón

saapad
las botas

sussid
las pantuflas

tossud
las zapatillas

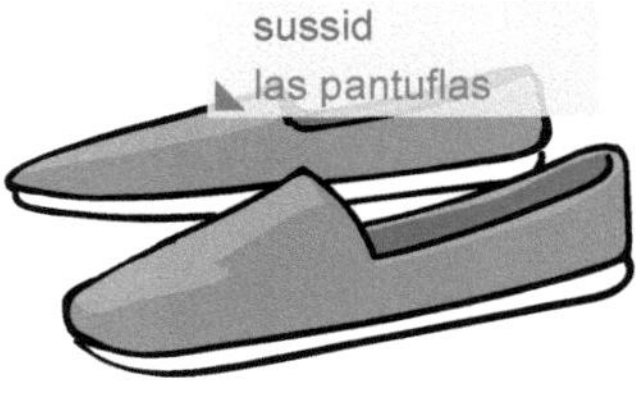

sandaalid
las sandalias

jalatsid
los zapatos

kummikud
las botas de goma

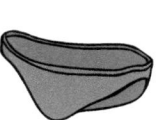
aluspüksid
la ropa interior

rinnahoidja
el corpiño

vest
el chaleco

bodi

el body

püksid

los pantalones

teksapüksid

los jeans

seelik

la pollera

pluus

la blusa

särk

la camisa

sviiter

el pulóver

dressipluus

el buzo

bleiser

el blazer

jakk

la campera

mantel

el tapado

vihmamantel

el piloto

kostüüm

el traje

kleit

el vestido

pulmakleit

el vestido de novia

ülikond

el traje

öösärk

el camisón

pidžaama

el pijama

sari

el sari

pearätt

el pañuelo para la cabeza

turban

el turbante

burka

la burka

kaftan

el caftán

abayah

la abaya

ujumistrikoo

el traje de baño

ujumispüksid

el short de baño

lühikesed püksid

los shorts

dressid

el jogging

põll

el delantal

kindad

los guantes

nööp

el botón

prillid

los anteojos

käevõru

la pulsera

kaelakee

el collar

sõrmus

el anillo

kõrvarõngas

el aro

nokamüts

la gorra

riidepuu

la percha

kaabu

el sombrero

lips

la corbata

tõmblukk

el cierre

kiiver

el casco

traksid

los tiradores

koolivorm

el uniforme escolar

vormirõivad

el uniforme

pudipõll
....
el babero

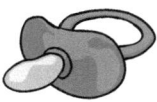

lutt
....
el chupete

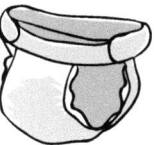

mähe
....
el pañal

kontor
la oficina

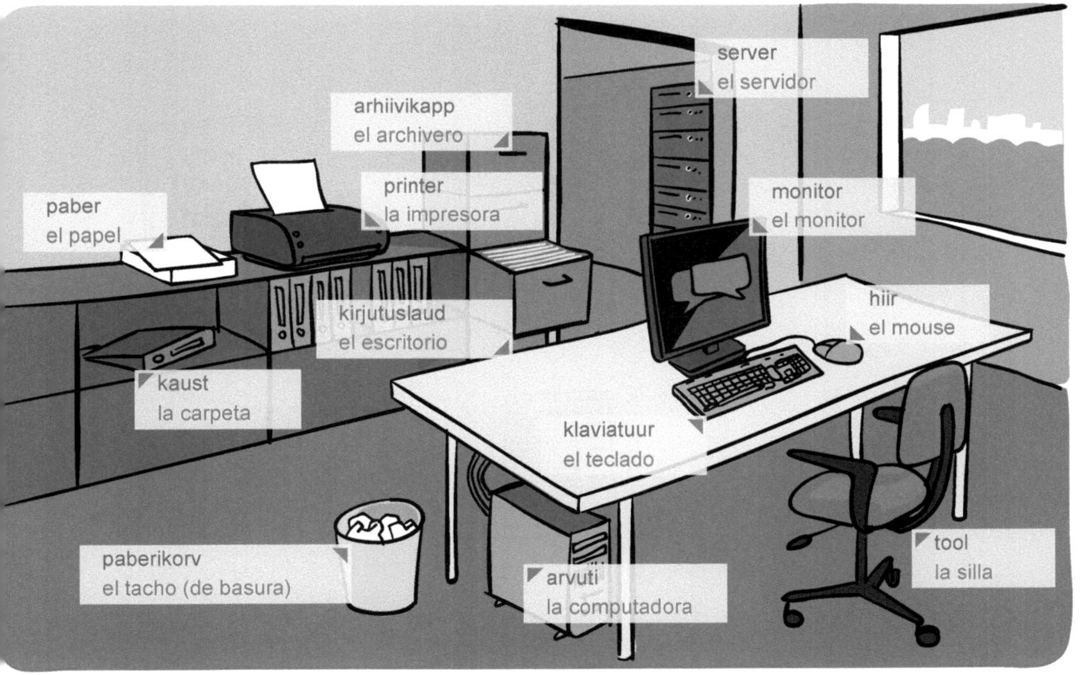

server
el servidor

arhiivikapp
el archivero

printer
la impresora

monitor
el monitor

paber
el papel

hiir
el mouse

kirjutuslaud
el escritorio

kaust
la carpeta

klaviatuur
el teclado

paberikorv
el tacho (de basura)

tool
la silla

arvuti
la computadora

kohvikruus
....
la taza de café

kalkulaator
....
la calculadora

internet
....
el internet

sülearvuti

la laptop

kiri

la carta

sõnum

el mensaje

mobiiltelefon

el celular

võrk

la red

koopiamasin

la fotocopiadora

tarkvara

el software

telefon

el teléfono

pistikupesa

el tomacorriente

faksimasin

el fax

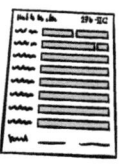

vorm

el formulario

dokument

el documento

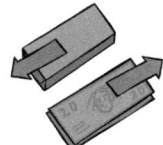

ostma

comprar

maksma

pagar

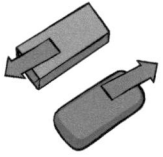

vahetama

hacer negocios

raha

el dinero

 USD

dollar

el dólar

 EUR

euro

el euro

 JPY

jeen

el yen

 RUB

rubla

el rublo

 CHF

Šveitsi frank

el franco suizo

 CNY

renminbi jüaan

el yuan

 INR

ruupia

la rupia

sularahaautomaat

el cajero automático

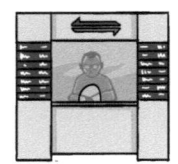

valuutavahetuspunkt

la casa de cambio

kuld

el oro

hõbe

la plata

nafta

el petróleo

energia

la energía

hind

el precio

leping

el contrato

maks

el impuesto

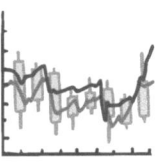

aktsia

la acción

töötama

trabajar

töötaja

el empleado

tööandja

el empleador

tehas

la fábrica

kauplus

el negocio

ametid

las ocupaciones

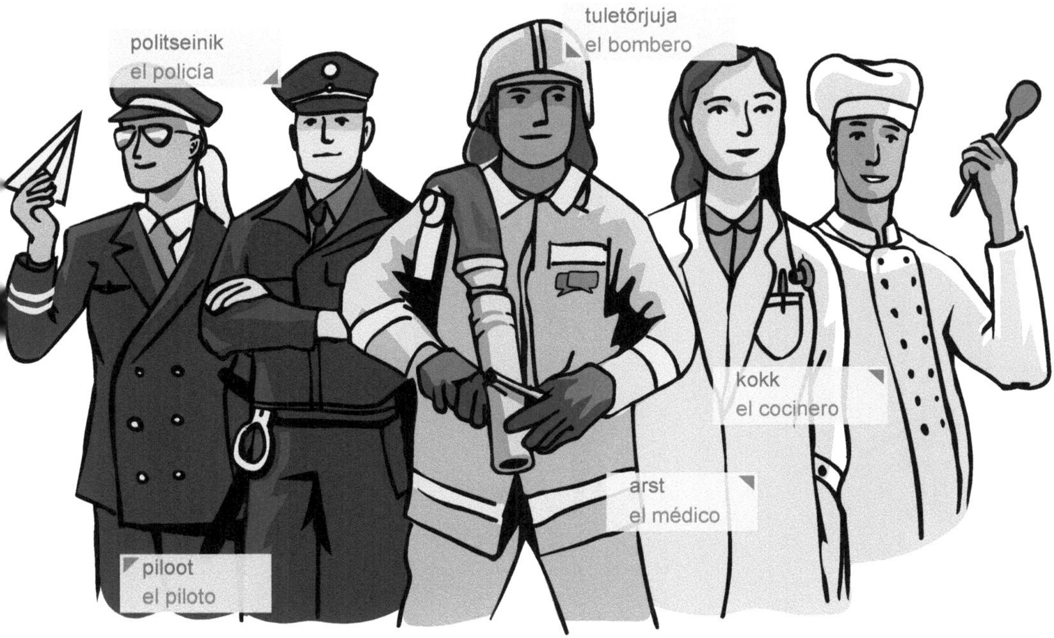
politseinik
el policía
tuletõrjuja
el bombero
kokk
el cocinero
arst
el médico
piloot
el piloto

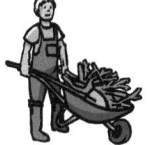

aednik

el jardinero

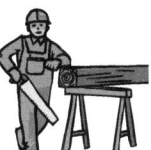

puusepp

el carpintero

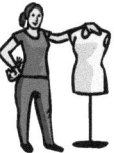

õmbleja

la modista

kohtunik

el juez

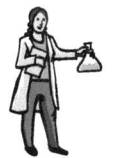

keemik

el farmacéutico

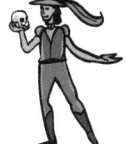

näitleja

el actor

bussijuht

el colectivero

taksojuht

el taxista

kalamees

el pescador

koristaja

la mucama

katusepaigaldaja

el techista

kelner

el mozo

jahimees

el cazador

maaler

el pintor

pagar

el panadero

elektrik

el electricista

ehitaja

el albañil

insener

el ingeniero

lihunik

el carnicero

torumees

el plomero

postiljon

el cartero

sõdur

el soldado

arhitekt

el arquitecto

kassapidaja

el cajero

lillemüüja

el florista

juuksur

el peluquero

piletikontrolör

el cobrador

mehaanik

el mecánico

kapten

el capitán

hambaarst

el dentista

teadlane

el científico

rabi

el rabino

imaam

el imán

munk

el monje

preester

el sacerdote

tööriistad

las herramientas

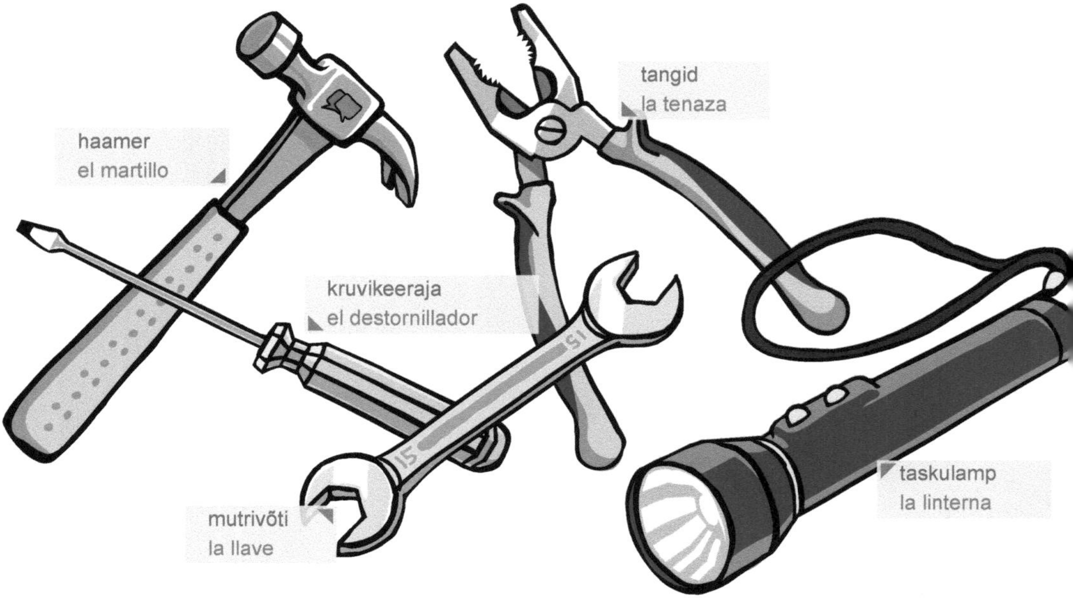
haamer
el martillo
tangid
la tenaza
kruvikeeraja
el destornillador
mutrivõti
la llave
taskulamp
la linterna

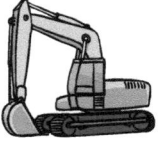

ekskavaator

la excavadora

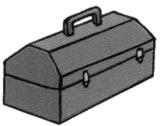

tööriistakast

la caja de herramientas

redel

la escalera portátil

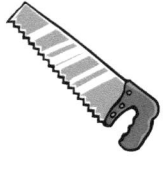

saag

la sierra

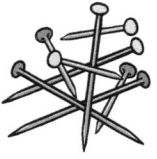

naelad

los clavos

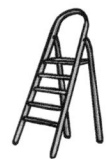

trell

el taladro

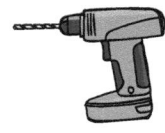

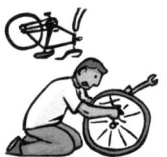

parandama

arreglar

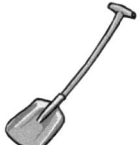

labidas

la pala de jardín

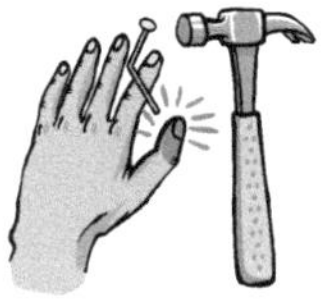

Põrgusse!

¡Qué bronca!

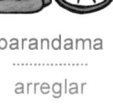

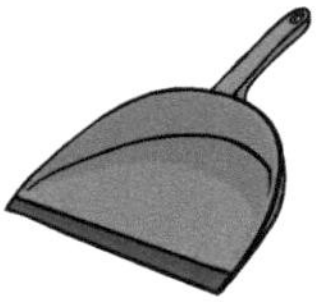

kühvel

la pala de plástico

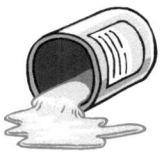

värvipott

el tacho de pintura

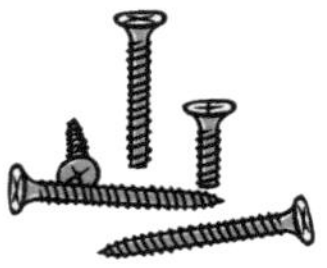

kruvid

los tornillos

pillid

los instrumentos musicales

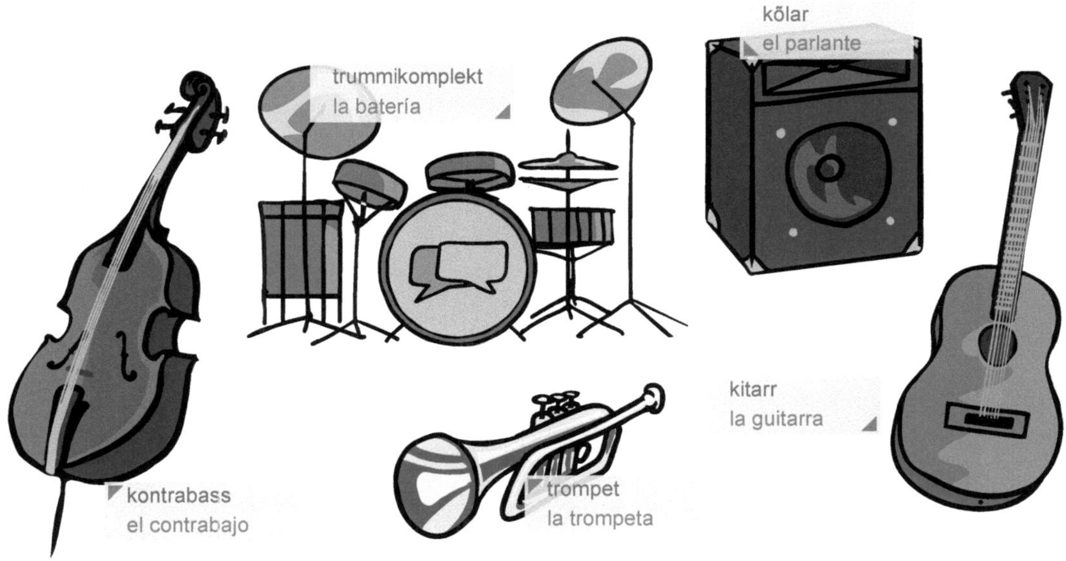

trummikomplekt
la batería
kõlar
el parlante
kitarr
la guitarra
kontrabass
el contrabajo
trompet
la trompeta

klaver

el piano

viiul

el violín

bass

el bajo

timpan

los timbales

trummid

el tambor

süntesaator

el teclado

saksofon

el saxofón

flööt

la flauta

mikrofon

el micrófono

sissepääs
la entrada

tiiger
el tigre

puur
la jaula

sebra
la cebra

loomasööt
el alimento para animales

panda
el oso panda

loomad
los animales

elevant
el elefante

känguru
el canguro

ninasarvik
el rinoceronte

gorilla
el gorila

karu
el oso

kaamel

el camello

jaanalind

el avestruz

lõvi

el león

ahv

el mono

flamingo

el flamenco

papagoi

el loro

jääkaru

el oso polar

pingviin

el pingüino

hai

el tiburón

paabulind

el pavo real

madu

la serpiente

krokodill

el cocodrilo

loomaaiatalitaja

el cuidador del zoológico

hüljes

la foca

jaaguar

el jaguar

poni

el poni

leopard

el leopardo

jõehobu

el hipopótamo

kaelkirjak

la jirafa

kotkas

el águila

metssiga

el jabalí

kala

el pescado

kilpkonn

la tortuga

morsk

la morsa

rebane

el zorro

gasell

la gacela

Ameerika jalgpall
el fútbol americano

jalgrattasõit
el ciclismo

tennis
el tenis

korvpall
el básquet

ujumine
la natación

poksimine
el boxeo

jäähoki
el hockey sobre hielo

jalgpall
el fútbol

sulgpall
el bádminton

kergejõustik
el atletismo

käsipall
el handball

suusatamine
el esquí

polo
el polo

tegevused
las actividades

hüppama
saltar
kallistama
abrazar
naerma
reír
jalutama
caminar
laulma
cantar
unistama
soñar
palvetama
rezar
suudlema
besar

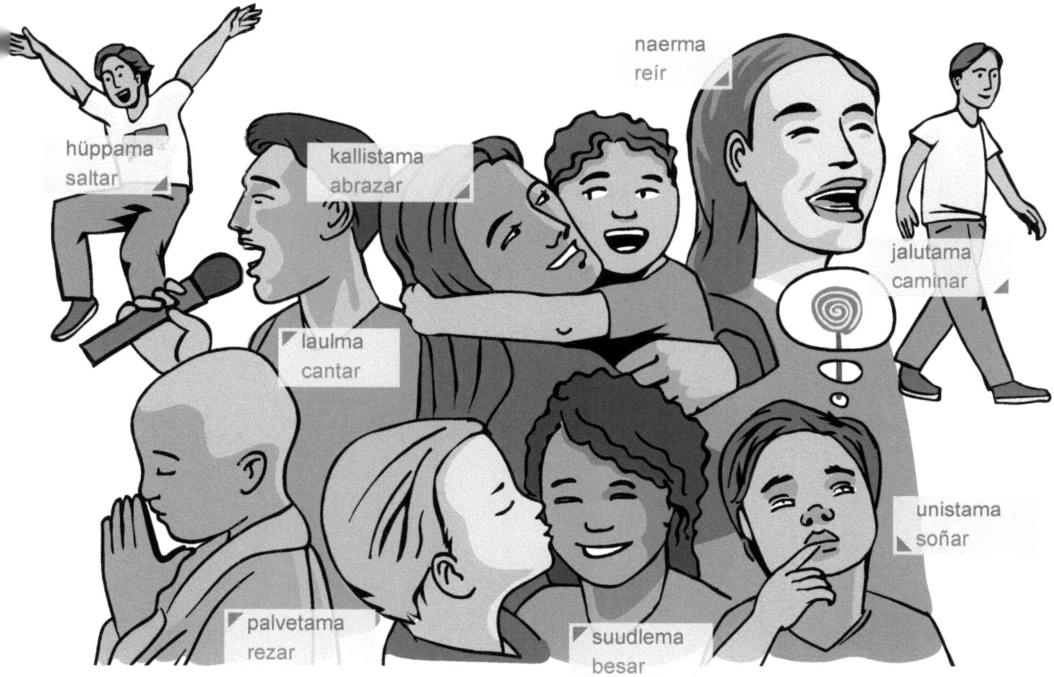

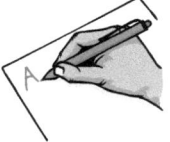

kirjutama
escribir

joonistama
dibujar

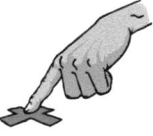

näitama
mostrar

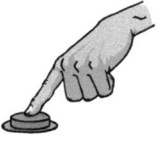

lükkama
presionar

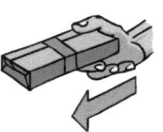

andma
dar

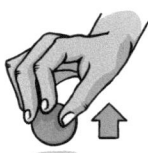

võtma
tomar

omama

tener

tegema

hacer

olema

ser

seisma

estar parado

jooksma

correr

tõmbama

tirar

viskama

tirar

kukkuma

caer

lamama

estar acostado

ootama

esperar

kandma

llevar

istuma

estar sentado

riidesse panema

vestirse

magama

dormir

ärkama

despertar

vaatama
mirar

nutma
llorar

paitama
acariciar

kammima
peinar

rääkima
hablar

aru saama
entender

küsima
preguntar

kuulama
escuchar

jooma
beber

sööma
comer

korrastama
ordenar

armastama
amar

süüa tegema
cocinar

sõitma
manejar

lendama
volar

purjetama

navegar

arvutama

calcular

lugema

leer

õppima

aprender

töötama

trabajar

abielluma

casarse

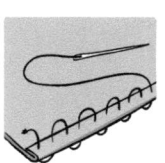

õmblema

coser

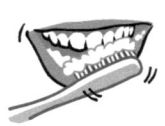

hambaid pesema

cepillarse los dientes

tapma

matar

suitsetama

fumar

saatma

enviar

perekond
la familia

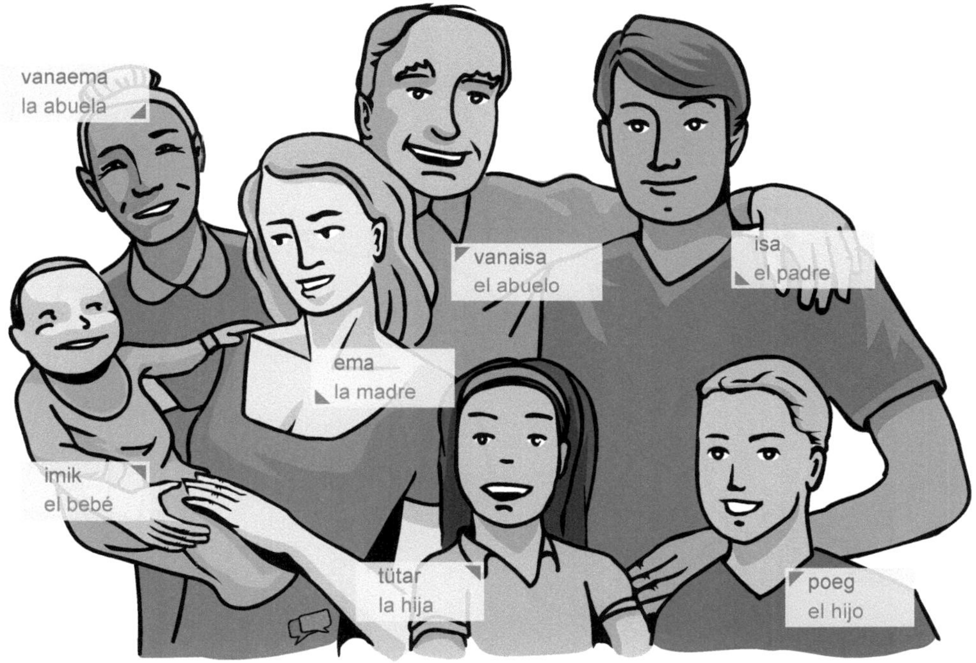

vanaema
la abuela
vanaisa
el abuelo
isa
el padre
ema
la madre
imik
el bebé
tütar
la hija
poeg
el hijo

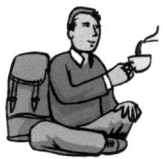

külaline

el invitado

tädi

la tía

onu

el tío

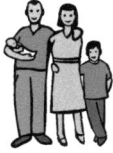

vend

el hermano

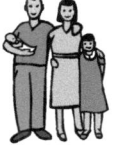

õde

la hermana

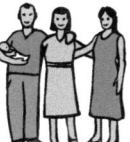

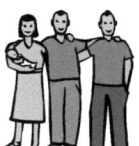

keha

el cuerpo

otsmik
la frente
silm
el ojo
õlg
el hombro
sõrm
el dedo
nägu
la cara
lõug
la pera
käsi
la mano
jalg
la pierna
rind
el pecho
käsivars
el brazo

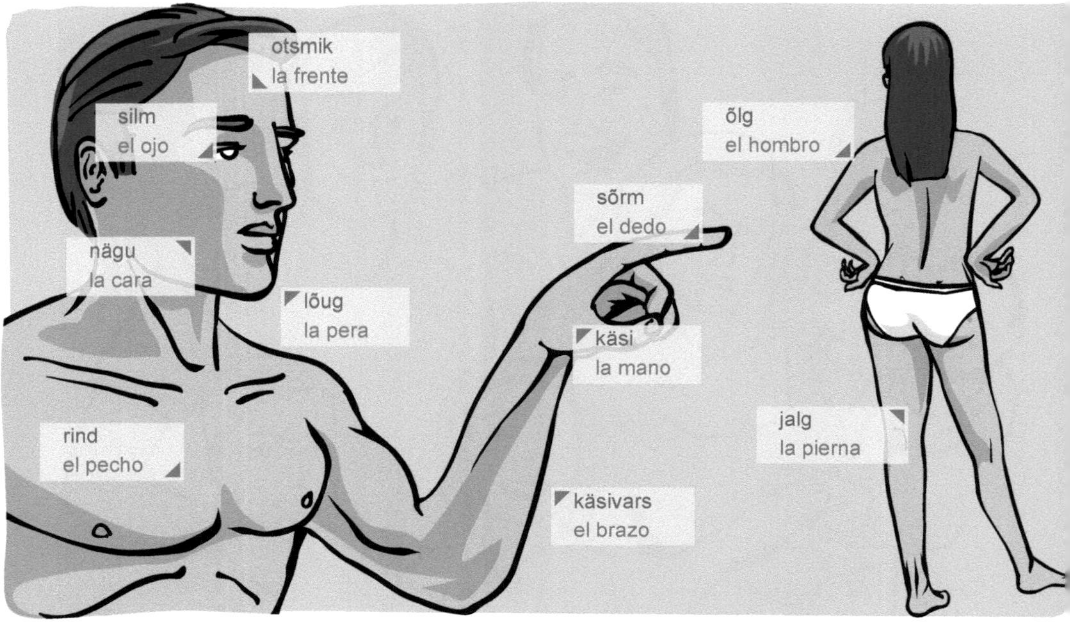

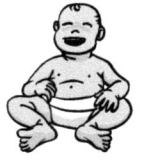

imik

el bebé

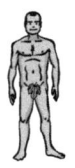

mees

el hombre

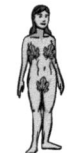

naine

la mujer

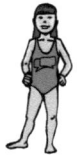

tüdruk

la nena

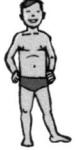

poiss

el nene

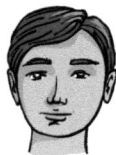

pea

la cabeza

selg

la espalda

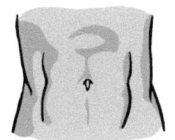

kõht

la panza

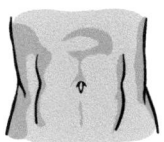

naba

el ombligo

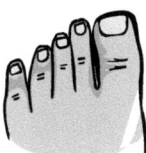

varvas

el dedo del pie

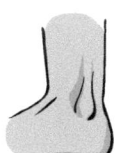

kand

el talón

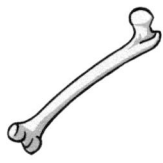

luu

el hueso

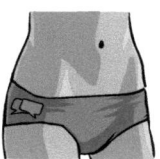

puus

la cadera

põlv

la rodilla

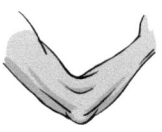

küünarnukk

el codo

nina

la nariz

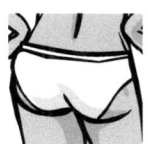

tagumik

la cola

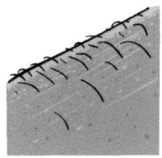

nahk

la piel

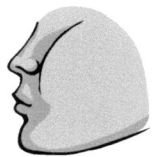

põsk

el cachete

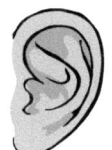

kõrv

la oreja

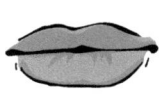

huuled

el labio

suu

la boca

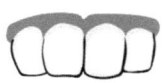

hammas

el diente

keel

la lengua

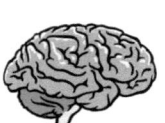

aju

el cerebro

süda

el corazón

lihas

el músculo

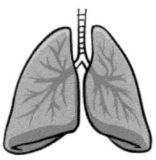

kops

el pulmón

maks

el hígado

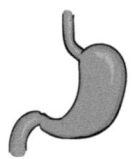

magu

el estómago

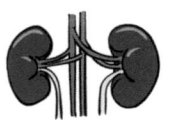

neerud

los riñones

seksuaalvahekord

el sexo

kondoom

el preservativo

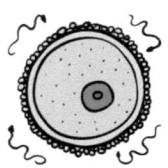

munarakk

el óvulo

sperma

el semen

rasedus

el embarazo

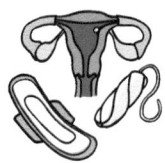

menstruatsioon

la menstruación

vagiina

la vagina

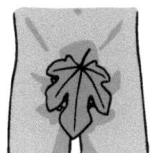

peenis

el pene

kulm

la ceja

juuksed

el pelo

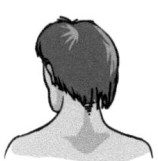

kael

el cuello

haigla
el hospital

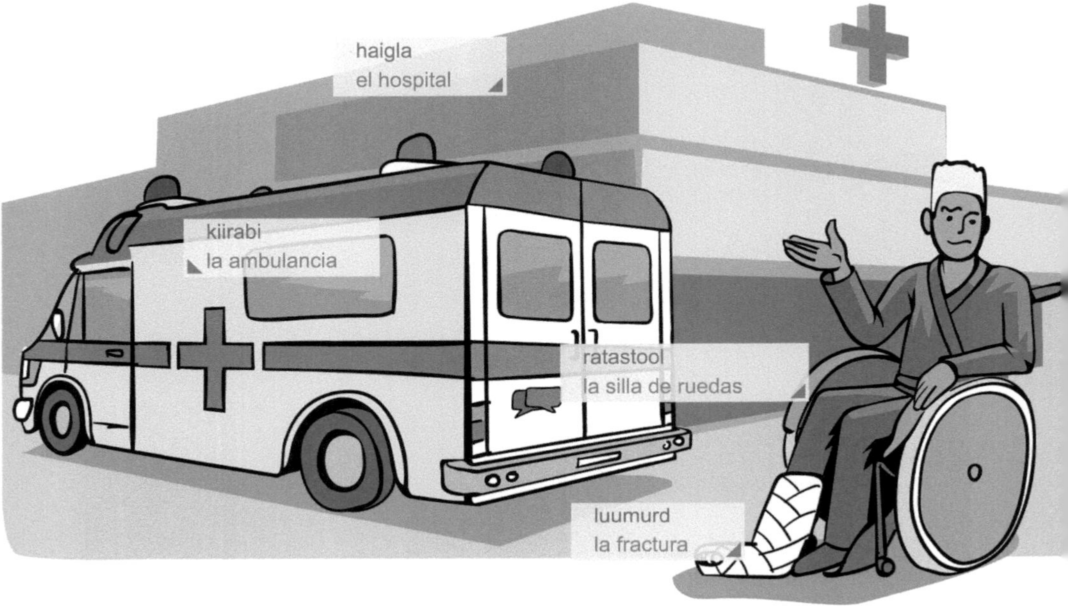

haigla
el hospital
kiirabi
la ambulancia
ratastool
la silla de ruedas
luumurd
la fractura

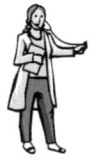

arst

el médico

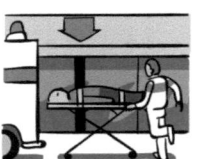

traumapunkt

la sala de guardia

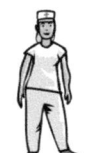

meditsiiniõde

la enfermera

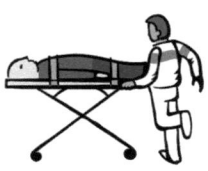

hädaolukord

la emergencia

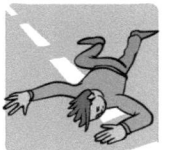

teadvuseta

inconsciente

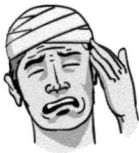

valu

el dolor

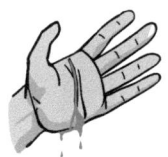

vigastus

la lesión

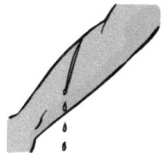

verejooks

la hemorragia

südamerabandus

el infarto

insult

el ACV

allergia

la alergia

köha

la tos

palavik

la fiebre

gripp

la gripe

kõhulahtisus

la diarrea

peavalu

el dolor de cabeza

vähk

el cáncer

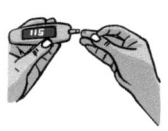

diabeet

la diabetes

kirurg

el cirujano

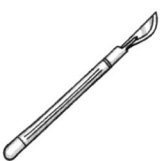

skalpell

el bisturí

operatsioon

la operación

KT

la TC

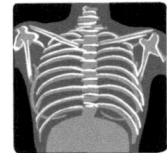

röntgen

los rayos x

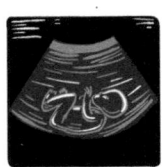

ultraheli

la ecografía

mask

el barbijo

haigus

la enfermedad

ooteruum

la sala de espera

kark

la muleta

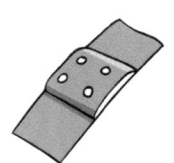

kips

la curita

side

la venda

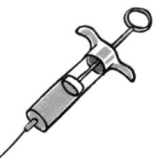

süst

la inyección

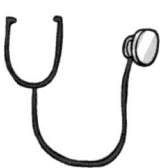

stetoskoop

el estetoscopio

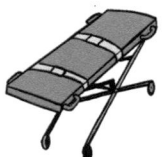

kanderaam

la camilla

kraadiklaas

el termómetro

sünd

el nacimiento

ülekaaluline

el sobrepeso

kuuldeaparaat

el audífono

desinfektsioonivahend

el desinfectante

põletik

la infección

viirus

el virus

HIV / AIDS

el VIH / SIDA

meditsiin

el remedio

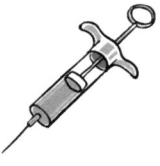

vaktsineerimine

la vacunación

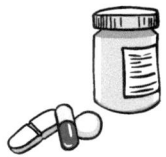

tabletid

los comprimidos

pill

la pastilla anticonceptiva

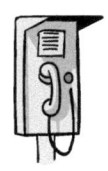

hädaabikõne

la llamada de emergencia

vererõhuaparaat

el tensiómetro

haige / terve

enfermo / sano

Appi!

¡Ayuda!

häire

la alarma

kallaletung

la agresión

rünnak

el ataque

oht

el peligro

avariiväljapääs

la salida de emergencia

Tulekahju!

¡Fuego!

tulekustuti

el matafuego

õnnetus

el accidente

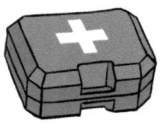

esmaabikomplekt

el botiquín de primeros
auxilios

SOS

el SOS

politsei

la policía

Euroopa

Europa

Põhja-Ameerika

América del Norte

Lõuna-Ameerika

América del Sur

Aafrika

África

Aasia

Asia

Austraalia

Australia

Atlandi ookean

el Atlántico

Vaikne ookean

el Pacífico

India ookean

el Océano Índico

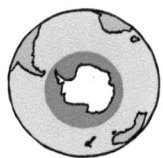

Lõuna-Jäämeri

el Océano Antártico

Põhja-Jäämeri

el Océano Ártico

põhjapoolus

el polo norte

lõunapoolus
el polo sur

Antarktika
la Antártida

Maa
la Tierra

maismaa
la tierra

meri
el mar

saar
la isla

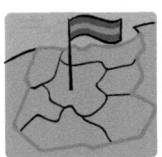

rahvus
la nación

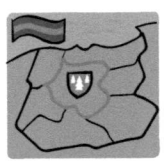

riik
el estado

sihverplaat

la esfera

tunniosuti

la manecilla de las horas

minutiosuti

el minutero

sekundiosuti

el segundero

Mis kell on?

¿Qué hora es?

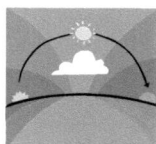

päev

el día

aeg

la hora

praegu

ahora

digitaalne kell

el reloj digital

minut

el minuto

tund

la hora

esmaspäev
lunes — MO

TU — teisipäev
martes

W — kolmapäev
miércoles

TH — neljapäev
jueves

laupäev
sábado — SA

FR — reede
viernes

SO — pühapäev
domingo

eile
....
ayer

täna
....
hoy

homme
....
mañana

hommik
....
la mañana

lõuna
....
el mediodía

õhtu
....
la tarde

MO	TU	WE	TH	FR	SA	SU
1	2	3	4	5	6	7
8	9	10	11	12	13	14
15	16	17	18	19	20	21
22	23	24	25	26	27	28
29	30	31	1	2	3	4

tööpäevad
....
los días hábiles

MO	TU	WE	TH	FR	SA	SU
1	2	3	4	5	6	7
8	9	10	11	12	13	14
15	16	17	18	19	20	21
22	23	24	25	26	27	28
29	30	31	1	2	3	4

nädalavahetus
....
el fin de semana

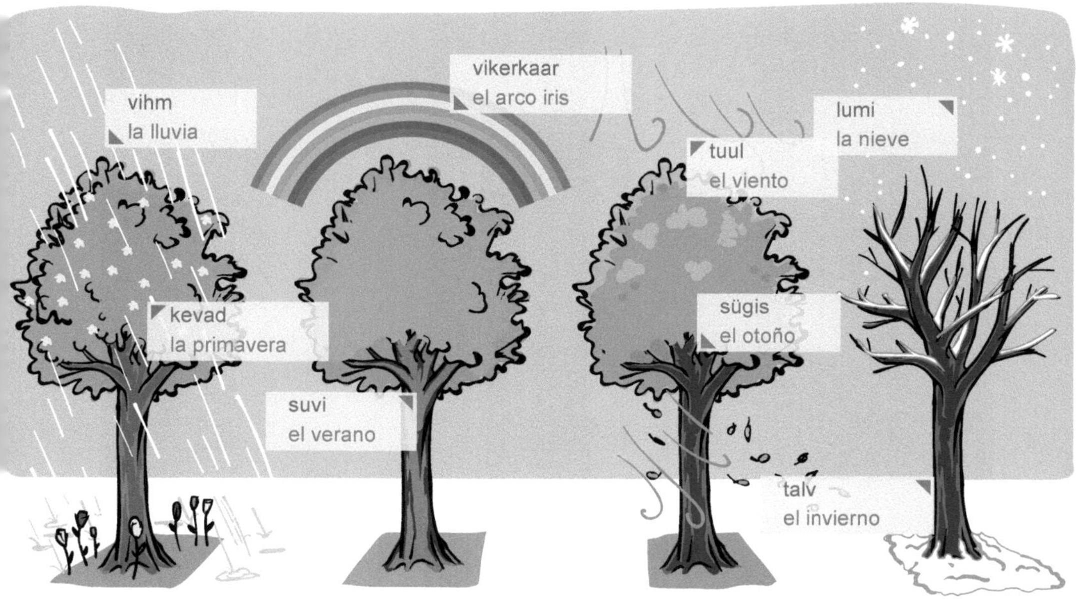

vihm
la lluvia

vikerkaar
el arco iris

lumi
la nieve

tuul
el viento

kevad
la primavera

sügis
el otoño

suvi
el verano

talv
el invierno

4.APRIL	11°	☀
5.APRIL	4°	⛅
6.APRIL	13°	☔
7.APRIL	8°	❄
8.APRIL	10°	☀

ilmaennustus

el pronóstico meteorológico

termomeeter

el termómetro

päikesepaiste

la luz del sol

pilv

la nube

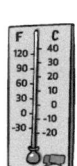

udu

la niebla

niiskus

la humedad

pikne

el rayo

kõu

el trueno

torm

la tormenta

rahe

el granizo

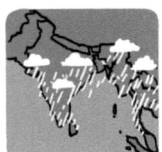

mussoon

el monzón

üleujutus

la inundación

jää

el hielo

jaanuar

enero

veebruar

febrero

märts

marzo

aprill

abril

mai

mayo

juuni

junio

juuli

julio

august

agosto

september
....
septiembre

oktoober
....
octubre

november
....
noviembre

detsember
....
diciembre

kujundid
las formas

ring
....
el círculo

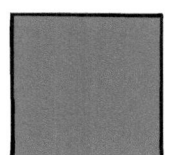

ruut
....
el cuadrado

nelinurk
....
el rectángulo

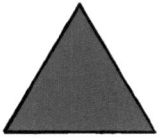

kolmnurk
....
el triángulo

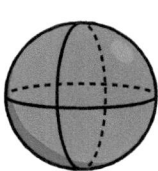

kera
....
la esfera

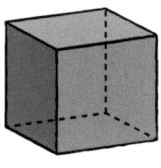

kuup
....
el cubo

valge

blanco

kollane

amarillo

oranž

naranja

roosa

rosa

punane

rojo

lilla

violeta

sinine

azul

roheline

verde

pruun

marrón

hall

gris

must

negro

palju / vähe

mucho / poco

vihane / rahulik

enojado / tranquilo

ilus / inetu

lindo / feo

algus / lõpp

el principio / el fin

suur / väike

grande / chico

hele / tume

claro / oscuro

vend / õde

el hermano / la hermana

puhas / must

limpio / sucio

täielik / puudulik

completo / incompleto

päev / öö

el día / la noche

surnud / elus

muerto / vivo

lai / kitsas

ancho / angosto

söödav / mittesöödav

comestible / no comestible

kuri / sõbralik

malo / amable

põnevil / tüdinud

entusiasmado / aburrido

paks / peenike

gordo / flaco

esimene / viimane

primero / último

sõber / vaenlane

el amigo / el enemigo

täis / tühi

lleno / vacío

kõva / pehme

duro / blando

raske / kerge

pesado / liviano

nälg / janu

el hambre / la sed

haige / terve

enfermo / sano

ebaseaduslik / seaduslik

ilegal / legal

tark / rumal

inteligente / estúpido

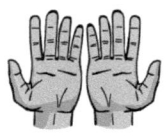

vasak / parem

izquierda / derecha

lähedal / kaugel

cerca / lejos

uus / kasutatud

nuevo / usado

mitte midagi / midagi

nada / algo

vana / noor

viejo / joven

sees / väljas

encendido / apagado

lahti / kinni

abierto / cerrado

vaikne / vali

silencioso / ruidoso

rikas / vaene

rico / pobre

õige / vale

correcto / incorrecto

kare / sile

áspero / suave

kurb / rõõmus

triste / contento

lühike / pikk

corto / largo

aeglane / kiire

lento / rápido

märg / kuiv

mojado / seco

soe / jahe

caliente / frío

sõda / rahu

guerra / paz

0

null

cero

1

üks

uno

2

kaks

dos

3

kolm

tres

4

neli

cuatro

5

viis

cinco

6

kuus

seis

7

seitse

siete

8

kaheksa

ocho

9

üheksa

nueve

10

kümme

diez

11

üksteist

once

12

kaksteist

doce

13

kolmteist

trece

14

neliteist

catorce

15

viisteist

quince

16

kuusteist

dieciséis

17

seitseteist

diecisiete

18

kaheksateist

dieciocho

19

üheksateist

diecinueve

20

kakskümmend

veinte

100

sada

cien

1.000

tuhat

mil

1.000.000

miljon

el millón

inglise

el inglés

Ameerika inglise

el inglés americano

mandariini

el chino mandarín

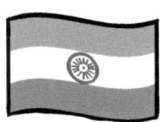

hindi

el hindi

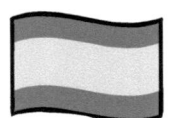

hispaania

el español

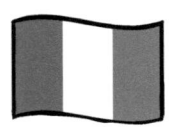

prantsuse

el francés

araabia

el árabe

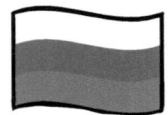

vene

el ruso

portugali

el portugués

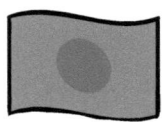

bengali

el bengalí

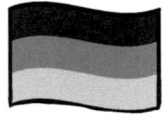

saksa

el alemán

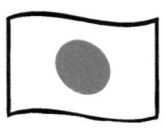

jaapani

el japonés

mina

yo

sina

vos

tema

él / ella

meie

nosotros

teie

ustedes

nemad

ellos

kes?

¿quién?

mis?

¿qué?

kuidas?

¿cómo?

kus?

¿dónde?

millal?

¿cuándo?

nimi

el nombre

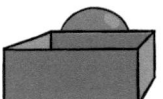

taga

detrás

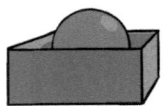

sees

en

ees

adelante de

kohal

por encima de

peal

sobre

all

debajo de

kõrval

al lado de

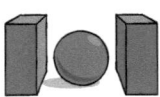

vahel

entre

koht

el lugar